ESPÍO EN MI COMUNIDAD

Alicia Rodriguez
Traducción de Pablo de la Vega

LA OFICINA DE CORREOS
Un libro de Las Raíces de Crabtree

CRABTREE
Publishing Company
www.crabtreebooks.com

Apoyos de la escuela a los hogares para cuidadores y maestros

Este libro ayuda a los niños en su desarrollo al permitirles practicar la lectura. Abajo están algunas preguntas guía para ayudar al lector a fortalecer sus habilidades de comprensión. En rojo hay algunas opciones de respuesta.

Antes de leer:

- ¿De qué pienso que tratará este libro?
  - *Pienso que este libro es sobre una oficina de correos.*
  - *Pienso que este libro es sobre lo que puedes hacer cuando vas a una oficina de correos.*
- ¿Qué quiero aprender sobre este tema?
  - *Quiero aprender quién trabaja en una oficina de correos.*
  - *Quiero aprender cómo enviar una carta.*

Durante la lectura:

- Me pregunto por qué...
  - *Me pregunto por qué los empleados de correos pesan las cartas.*
  - *Me pregunto por qué el correo es clasificado.*
- ¿Qué he aprendido hasta ahora?
  - *Aprendí que los empleados de correos trabajan dentro de las oficinas de correos.*
  - *Aprendí que la gente mete las cartas por las ranuras de los buzones.*

Después de leer:

- ¿Qué detalles aprendí de este tema?
  - *Aprendí que los camiones de correos llevan el correo.*
  - *Aprendí que los carteros entregan el correo.*
- Lee el libro una vez más y busca las palabras del vocabulario.
  - *Veo la palabra **estampillas** en la página 4 y la palabra **paquete** en la página 7. Las demás palabras del vocabulario están en la página 14.*

Vamos a la **oficina de correos**.

Podemos comprar **estampillas**.

La empleada de correos pesa un **paquete**.

La gente mete las cartas por la ranura de los buzones.

Los empleados clasifican el correo.

El correo es llevado
a un camión.

www.usps.com

Un **cartero** entrega el correo.

Lista de palabras

Palabras de uso común

a	empleados	mete
comprar	es	podemos
de	la	por
el	las	un
empleada	los	vamos

Palabras para conocer

cartero

estampillas

oficina de correos

paquete

44 palabras

Vamos a la **oficina de correos**.

Podemos comprar **estampillas**.

La empleada de correos pesa un **paquete**.

La gente mete las cartas por la ranura de los buzones.

Los empleados clasifican el correo.

El correo es llevado a un camión.

Un **cartero** entrega el correo.

Written by: Alicia Rodriguez
Designed by: Rhea Wallace
Series Development: James Earley
Proofreader: Janine Deschenes
Educational Consultant:
Marie Lemke M.Ed.
Translation to Spanish:
Pablo de la Vega
Spanish-language layout and
proofread: Base Tres
Print and production coordinator:
Katherine Berti

ESPÍO EN MI COMUNIDAD
Alicia Rodriguez
Traducción de
Pablo de la Vega

LA OFICINA
DE CORREOS

Photographs:
Shutterstock: mikeeledray: cover (top left); BBrown: cover (top right); Samatha Gatesman: cover (bottom); Ken Wolter: p. 3, 14; chara_stagram: p. 5, 14; rlat: p. 6, 14; Joni Hanebutt: p. 8; bibiphoto: p. 9; cleanfotos: p. 10-11; MonleyBusiness Images: p. 13, 14

Library and Archives Canada Cataloguing in Publication
Title: La oficina de correos / Alicia Rodriguez ; traducción de Pablo de la Vega.
Other titles: Post office. Spanish
Names: Rodriguez, Alicia (Children's author), author. | Vega, Pablo de la, translator.
Description: Series statement: Espio en mi comunidad | Translation of: Post office. | "Un libro de las raíces de Crabtree". | Text in Spanish.
Identifiers: Canadiana (print) 20210248009 |
    Canadiana (ebook) 20210248017 |
    ISBN 9781039615656 (hardcover) |
    ISBN 9781039615717 (softcover) |
    ISBN 9781039615779 (HTML) |
    ISBN 9781039615830 (EPUB) |
    ISBN 9781039615892 (read-along ebook)
Subjects: LCSH: Postal service—Juvenile literature.
Classification: LCC HE6078 .R6318 2022 | DDC j383—dc23

Library of Congress Cataloging-in-Publication Data
Names: Rodriguez, Alicia (Children's author), author. | Vega, Pablo de la, translator.
Title: La oficina de correos / written by Alicia Rodriguez ; translation to Spanish Pablo de la Vega.
Other titles: Post office. Spanish
Description: New York, NY : Crabtree Publishing Company, [2022] | Series: Espío en mi comunidad - un libro de las raíces de Crabtree | Includes index.
Identifiers: LCCN 2021028437 (print) | LCCN 2021028438 (ebook) |
    ISBN 9781039615656 (hardcover) |
    ISBN 9781039615717 (paperback) |
    ISBN 9781039615779 (ebook) |
    ISBN 9781039615830 (epub) |
    ISBN 9781039615892
Subjects: LCSH: Postal service--Juvenile literature. | United States Postal Service--Juvenile literature.
Classification: LCC HE6371 .R5718 2022 (print) | LCC HE6371 (ebook) | DDC 383/.4973--dc23
LC record available at https://lccn.loc.gov/2021028437
LC ebook record available at https://lccn.loc.gov/2021028438

Crabtree Publishing Company

www.crabtreebooks.com   1-800-387-7650

Printed in the U.S.A./092021/CG20210616

Published in the United States
Crabtree Publishing
347 Fifth Avenue, Suite 1402-145
New York, NY, 10016

Published in Canada
Crabtree Publishing
616 Welland Ave.
St. Catharines, Ontario L2M 5V6